LE CORDON BLEU

RECETAS CASERAS

·SALSAS·

tecni-ciencia libros
C.C.C.T. (02) 959.0315 / 959.5547
C. Lido: 952.2339   C. Sambil: 264.1705
C.C.G. Prados: 975.1841
C.C. El Recreo: 706.8583
C.C. San Ignacio: 264.5156
Valencia: (041) 22.4860

KÖNEMANN

contenido

 *para principiantes*   *para cocineros poco experimentados*   *para cocineros expertos*

Salsa de vino blanco

Esta elegante salsa se presenta aquí con pescado blanco hervido y verduras.

*Tiempo de preparación **10 minutos***
*Tiempo de cocción **40 minutos***
Para 300 ml aproximadamente

15 g de mantequilla
3 chalotes picados finos
300 ml de vino blanco
300 ml de caldo de pollo o de pescado
  (vea la página 61)
400 ml de nata espesa

1   Derrita la mantequilla en un cazo de fondo pesado a fuego lento. Rehogue los chalotes hasta que resulten tiernos y transparentes, sin que lleguen a dorarse.

2   Agregue el vino blanco mientras rasca la base del cazo con una cuchara de madera. Suba el fuego y llévelo a ebullición hasta que el líquido se haya reducido a la mitad. Añada el caldo y déjelo hervir hasta que el líquido se haya reducido a 100 ml.

3   Incorpore la nata y siga reduciendo la salsa hasta que resulte suficientemente espesa para cubrir el dorso de una cuchara.

4   Si lo desea, cuele la salsa por un tamiz fino y salpiméntela al gusto. Sírvala caliente. Puede mantener su temperatura dejándola sobre el vapor de una cacerola con agua caliente hasta media hora antes de servirla. No deje que el agua llegue a ebullición, pues la salsa podría cortarse. Resulta un excelente acompañamiento para platos de pescado o de pollo.

Notas del chef Utilice un caldo que complemente el plato que vaya a servir: por ejemplo, un caldo de pollo con los platos de pollo.

   Para evitar que se forme una película en la superficie de la salsa mientras la mantiene caliente, cúbrala con film transparente.

Salsa de pimienta verde

Esta salsa de fuerte sabor a pimienta, rociada con brandy, acompaña un filete con patatas nuevas.

*Tiempo de preparación **10 minutos***
*Tiempo de cocción **15 minutos***
Para 200 ml aproximadamente

30 g de pimienta verde en grano escurrida
100 ml de brandy
300 ml de caldo de vacuno o de cordero
  (vea la página 60)
100 ml de nata espesa

1   Coloque los granos de pimienta en un cazo de fondo pesado y, a fuego muy lento, caliéntelos durante 1 ó 2 minutos, hasta que estén secos, pero con cuidado de no quemarlos. Macháquelos con el dorso de una cuchara de madera aplastándolos contra las paredes del cazo.

2   Vierta el brandy en el cazo, suba el fuego y déjelo hervir rápidamente entre 1 y 2 minutos o hasta que se evapore el brandy. Incorpore el caldo, llévelo a ebullición y déjelo hervir unos 5 minutos o hasta que el líquido se haya reducido un cuarto.

3   Añada la nata y siga reduciendo la salsa a fuego fuerte hasta que resulte tan espesa que cubra el dorso de la cuchara. Sazónela al gusto con sal y, si es preciso, con pimienta. Sírvala de inmediato, con carne roja frita o a la parrilla, como filetes o chuletas.

Nota del chef Esta salsa se caracteriza por un fuerte sabor a pimienta, dado que los granos se cocinan en la salsa desde el principio de la preparación. Si prefiere obtener un sabor todavía más intenso, siga los pasos 1 y 2 hasta que se evapore el brandy. En un cazo distinto, reduzca el caldo y la nata y, a continuación, añada esta mezcla a los granos de pimienta con brandy. Remueva bien y salpimiente la salsa al gusto.

Salsa cremosa de champiñones

Los champiñones aportan un suave aroma terroso a esta salsa, que aquí se presenta con un filete a la parrilla, zanahorias y calabacines "baby" hervidos.

*Tiempo de preparación **15 minutos***
*Tiempo de cocción **15 minutos***
*Para **400 ml aproximadamente***

60 g de mantequilla
4 chalotes grandes picados finos
200 g de champiñones pequeños picados finos
las hojas de 1 tallo de estragón fresco
100 ml de vino blanco
600 ml de caldo de vacuno (vea la página 60)
2 cucharadas de nata o crema agria

1   Derrita la mantequilla a fuego lento en una sartén. Incorpore los chalotes y rehóguelos durante 2 minutos, o hasta que resulten tiernos y transparentes, sin que lleguen a dorarse. Suba el fuego, añada los champiñones y el estragón y sofríalo todo entre 5 y 7 minutos, o hasta que se doren los champiñones. Éstos producirán su propio líquido. Mantenga la sartén en el fuego hasta que se haya evaporado y los champiñones estén secos.

2   Añada el vino blanco mientras rasca el fondo de la sartén con una cuchara de madera para despegar los sedimentos, que contienen mucho sabor. Agregue el caldo y déjelo hervir hasta que se haya reducido a la mitad. Salpiméntelo al gusto. Escurra los champiñones, páselos a un robot de cocina y tritúrelos hasta que queden finos. Incorpore el caldo, de dos cucharadas en dos cucharadas, añada seguidamente la nata o la crema agria y mézclelo todo bien. Recaliente la salsa en un cazo si es preciso. Para servirla, viértala en una salsera caliente, disponga cucharadas de la salsa en el fondo de una fuente y coloque los alimentos encima, o bien vierta cucharadas de salsa sobre los alimentos. Sírvala con carne a la parrilla, pollo o pescado blanco cocido.

Salsa de mostaza

Esta salsa fina y picante resulta perfecta con cordero, ternera o cerdo. En la fotografía se presenta con ternera y patatas asadas.

*Tiempo de preparación **10 minutos***
*Tiempo de cocción **20 minutos***
*Para **250 ml aproximadamente***

20 g de mantequilla
1 chalote grande picado fino
100 ml de vino blanco
300 ml de caldo de vacuno (vea la página 60)
50 ml de nata espesa
1 1/2 cucharadas de mostaza de Dijon

1   Derrita la mantequilla en un cazo a fuego lento, añada el chalote y rehóguelo, sin que llegue a dorarse, hasta que resulte tierno y transparente.

2   Añada el vino mientras rasca la base del cazo con una cuchara de madera para despegar los sedimentos, que contienen mucho sabor, y mezclarlo todo bien. Incorpore el caldo, llévelo a ebullición y manténgalo hirviendo a fuego lento. Déjelo hervir, destapado, hasta que el líquido se haya reducido a la mitad. Agregue la nata, déjelo hervir otros 2 ó 3 minutos y, a continuación, cuele la salsa por un tamiz fino sobre un cazo limpio.

3   Incorpore la mostaza de Dijon y salpimiente al gusto. Antes de servir la salsa, recaliéntela suavemente.

Salsa besamel

Podrá crear una gran variedad de salsas añadiendo sabores distintos a esta salsa básica, en la fotografía servida con brécol y coliflor. Consulte las instrucciones paso a paso de la página 62.

Tiempo de preparación **5 minutos**
Tiempo de cocción **10 minutos**
Para 550 ml aproximadamente

30 g de mantequilla
30 g de harina
500 ml de leche
una pizca de nuez moscada rallada

1 Derrita a fuego lento la mantequilla en un cazo de fondo pesado. Esparza la harina sobre la mantequilla y cocínela entre 1 y 2 minutos sin que llegue a dorarse, removiendo constantemente con una cuchara de madera.

2 Retire el cazo del fuego y vierta lentamente la leche, batiendo para que no se formen grumos. Suba el fuego un poco y llévelo a ebullición, sin dejar de remover. Déjelo hervir entre 3 y 4 minutos, o hasta que la salsa esté tan espesa que cubra el dorso de una cuchara. Si se han formado grumos, cuele la salsa por un tamiz fino y recaliéntela en un cazo limpio. Sazónela con sal, pimienta y nuez moscada y sírvala caliente.

Nota del chef Para añadir algo de sabor a la salsa, agregue una cebolla con clavos a la leche y caliéntela bien después.

Salsa mornay

Una salsa besamel enriquecida con queso y yemas de huevo constituye una cobertura ideal para las vieiras de la fotografía. Para obtener un acabado perfecto, gratínelas ligeramente hasta que se doren un poco.

Tiempo de preparación **10 minutos**
Tiempo de cocción **15 minutos**
Para 550 ml aproximadamente

30 g de mantequilla
30 g de harina
500 ml de leche
2 yemas de huevo
100 g de queso gruyère rallado
una pizca de nuez moscada rallada

1 Derrita a fuego lento-medio la mantequilla en un cazo de fondo pesado. Esparza la harina por encima de la mantequilla y cocínela entre 1 y 2 minutos sin que llegue a dorarse, removiendo constantemente con una cuchara de madera.

2 Retire el cazo del fuego e incorpore la leche, batiendo para que no se formen grumos. Colóquelo de nuevo a fuego medio y llévelo a ebullición, emoviendo. Déjelo hervir durante 3 ó 4 minutos, o hasta que la salsa esté tan espesa que cubra el dorso de la cuchara. Si se forman grumos, cuele la salsa por un tamiz fino y recaliéntela en un cazo limpio.

3 Retírela del fuego, agregue las yemas y el queso y mézclelo todo bien. Sazone la salsa con sal, pimienta y nuez moscada.

Salsa besamel (arriba) y Salsa mornay

Salsa suprema

Esta cremosa salsa velouté es el acompañamiento del plato clásico de pollo cocido, pollo a la suprema, aunque también resulta deliciosa con una pechuga de pollo a la parrilla, como en la fotografía.

Tiempo de preparación 5 minutos
Tiempo de cocción 15 minutos
Para 800 ml aproximadamente

40 g de mantequilla
40 g de harina
450 ml de caldo de polio caliente (vea la página 61)
400 ml de nata espesa
50 g de mantequilla cortada en dados opcional

1 Derrita la mantequilla a fuego lento-medio en un cazo hondo de fondo pesado. Esparza la harina por encima de la mantequilla y cocínela entre 1 y 2 minutos, sin que llegue a dorarse, removiendo constantemente con una cuchara de madera. La mezcla debería resultar blanca y esponjosa. Retírela del fuego. Incorpore un poco de caldo caliente y mezcle bien con una cuchara de madera o un batidor. Agregue el caldo restante de manera gradual.

2 Colóquelo de nuevo en el fuego y lleve lentamente la salsa a ebullición, sin dejar de batir para que no se formen grumos. Baje el fuego y deje hervir suavemente unos 3 ó 4 minutos, sin dejar de remover o de batir. Incorpore la nata y deje hervir otros 2 ó 3 minutos o hasta que la salsa sea tan espesa que cubra el dorso de la cuchara. Si se han formado grumos, cuele la salsa por un tamiz fino y recaliéntela en un cazo limpio. Sazónela con sal y pimienta blanca. Para obtener un brillo adicional, bata la mantequilla en dados e incorpórela. Sirva la salsa de inmediato.

Salsa de alcaparras

Esta salsa, que tradicionalmente se sirve con pierna de cordero cocida, se caracteriza por el fuerte sabor de las alcaparras. También resulta excelente con carré de cordero y verduras al horno, como en la fotografía.

Tiempo de preparación 15 minutos
Tiempo de cocción 45 minutos
Para 500 ml aproximadamente

30 g de mantequilla
30 g de harina
500 ml de caldo de cordero caliente
  (vea la página 60)
2 yemas de huevo
50 ml de nata espesa
60 g de alcaparras escurridas y picadas

1 Derrita la mantequilla en un cazo mediano y hondo de fondo pesado a fuego lento-medio. Esparza la harina por encima, mezcle bien y cocínelo todo suavemente y sin dejar de remover hasta que empiece a dorarse. Retírelo del fuego.

2 Agregue un poco de caldo caliente y mézclelo bien con una cuchara de madera o un batidor. Colóquelo de nuevo en el fuego y bata para que no se formen grumos mientras lleva lentamente la salsa a ebullición. Añada el caldo restante poco a poco. Baje el fuego y siga cocinando suavemente otros 30 minutos, removiendo de vez en cuando. Compruebe que la salsa cubre el dorso de la cuchara y, a continuación, cuélela sobre un cazo limpio. Si resulta demasiado espesa, añada un poco más de caldo. Si, en cambio, queda demasiado clara, déjela más tiempo en el fuego para reducirla.

3 En un cuenco, mezcle las yemas de huevo con la nata. Incorpore un poco de la salsa colada, mézclelo bien y viértalo todo en el cazo. Remueva la salsa y caliéntela suavemente para que la yema espese. Es importante que no llegue a hervir, pues si la salsa se calienta demasiado, se cortará. Agregue las alcaparras y salpimiéntela al gusto. Sírvala de inmediato con un plato de cordero.

Mantequilla fundida

Esta salsa clásica se puede variar usando líquidos diferentes que combinen bien con el plato que acompañe. Se puede servir con verduras, pollo o pescado. En la fotografía se presenta con una selección de verduras.

Tiempo de preparación 5–7 minutos
Tiempo de cocción 10 minutos
Para 250 ml aproximadamente

50 ml de agua, vino blanco seco o caldo de pollo (vea la página 61)
200 g de mantequilla cortada en dados pequeños y refrigerada
zumo de limón al gusto

1 Coloque el líquido (agua, vino blanco seco o caldo de pollo) en un cazo pequeño y llévelo a ebullición.
2 Mientras esté hirviendo, incorpore los dados de mantequilla, poco a poco, y vaya batiéndolos con una batidora eléctrica a fin de obtener una textura fina. Retire el cazo del fuego y sazone la salsa, al gusto, con un poco de zumo de limón, sal y pimienta. Sírvala de inmediato o bien cúbrala con film transparente y colóquela sobre una cacerola con agua caliente para mantenerla templada (no caliente) hasta unos 30 minutos antes de servirla.

Nota del chef Si la salsa se enfría demasiado, podría cuajar. Para calentarla, colóquela sobre una cacerola con agua caliente y remueva. Si se calienta demasiado, se cortará. Para volver a ligarla, retire el cuenco del agua y añada a la salsa una pizca de hielo o unas gotas de agua fría.

Mantequilla blanca

Este es otro clásico exquisito, sazonado con chalotes, que resulta un acompañamiento ideal para platos de pescado como el salmón cocido de la fotografía.

Tiempo de preparación 10 minutos
Tiempo de cocción 25 minutos
Para 250 ml aproximadamente

2 chalotes grandes picados muy finos
100 ml de vinagre de vino blanco
100 ml de vino blanco seco
200 g de mantequilla cortada en dados pequeños y refrigerada

1 Coloque los chalotes, el vinagre y el vino blanco en un cazo pequeño de base amplia y caliéntelo todo a fuego medio hasta que el líquido se haya reducido a 2 cucharadas.
2 En cuanto el líquido empiece a hervir, baje el fuego al mínimo e incorpore los dados de mantequilla, de uno en uno, mientras bate la mezcla. Siga batiendo de manera constante para obtener una salsa fina y pálida, y salpimiéntela al gusto. Sírvala de inmediato o bien pásela a un cuenco, tápelo con film transparente y dispóngalo sobre una cacerola con agua caliente hasta que vaya a servirla. Si lo desea, cuélela para obtener una textura más fina. Sírvala con platos de pollo o pescado.

Nota del chef Pruebe a añadir una pizca de hebras de azafrán al vino. Si lo desea, también puede agregar ralladura fina de naranja, lima o limón o una pizca de hierbas picadas, como estragón, cebollino o eneldo.

Mantequilla fundida (arriba) y Mantequilla blanca

Salsa muselina

Esta salsa, simple pero deliciosa, se presenta aquí con judías al vapor y un filete de pescado blanco cocido.

Tiempo de preparación 15 minutos
Tiempo de cocción 5 minutos
Para 500 ml aproximadamente

200 g de mantequilla clarificada (vea la página 63)
3 yemas de huevo
una pizca de pimienta de Cayena al gusto
el zumo de ¹/2 limón
30 ml de nata para montar

1 Llene de agua un cazo mediano hasta la mitad y caliéntela hasta que empiece a hervir. Tenga preparado un cuenco refractario que encaje sobre el cazo sin llegar a tocar el agua.
2 Para preparar la salsa, derrita la mantequilla en otro cazo. Coloque las yemas de huevo y 3 cucharadas de agua en el cuenco y bata hasta que la mezcla resulte esponjosa. Disponga el cuenco sobre el vapor del agua y siga batiendo a fuego lento hasta que espese y, al levantar el batidor, quede una marca en la superficie de la mezcla. Retírelo del fuego e incorpore gradualmente la mantequilla derretida, sin dejar de batir. Cuando haya incorporado toda la mantequilla, sazone la salsa con pimienta de Cayena, zumo de limón y sal. Mantenga la salsa caliente sobre el cazo con agua.
3 Monte un poco la nata. Debería poderse apreciar la marca que deja el batidor, pero si inclina el cuenco, la nata debe caer densamente. Incorpore la nata a la salsa y mézclela con cuidado. Esta salsa resulta excelente con espárragos o pescado hervido. La salsa muselina siempre se sirve caliente.

Nota del chef La salsa no debe calentarse demasiado en ningún momento, pues las yemas se cocerían y se separarían de la mantequilla. Si esto ocurriese, retire el cuenco del vapor, añada unas gotas de agua fría o un cubito de hielo y bátalo enérgicamente.

Salsa bearnesa

Esta salsa, cremosa y de sabor intenso, se presenta con un filete de ternera, patatas asadas y ramitos de coliflor.

Tiempo de preparación 20 minutos
Tiempo de cocción 10 minutos
Para 375 ml aproximadamente

260 g de mantequilla clarificada (vea la página 63)
2 cucharadas de estragón fresco picado
2 cucharadas de perifollo fresco picado
1 chalote picado fino
4 granos de pimienta ligeramente machacados
  con un cazo pesado
100 ml de vinagre de vino blanco
6 yemas de huevo
una pizca de pimienta de Cayena

1 Llene hasta la mitad un cazo mediano con agua y caliéntela hasta que empiece a hervir. Tenga listo un cuenco refractario que encaje sobre el cazo, pero sin llegar a tocar el agua.
2 Derrita la mantequilla en otro cazo. Reserve 1 cucharada de estragón y ¹/2 cucharada de perifollo. Coloque los chalotes, los granos de pimienta, el vinagre y las hierbas restantes en un cazo pequeño. Llévelo a ebullición y déjelo hervir entre 4 y 6 minutos o hasta que el líquido se haya reducido en tres cuartos. Pase la mezcla al cuenco y colóquelo sobre el agua hirviendo a fuego muy lento. Agregue las yemas y bata hasta que espese y, al levantar el batidor, quede una marca en la superficie.
3 Retírelo del fuego e incorpore de manera gradual la mantequilla, sin dejar de batir, hasta que se haya incorporado por completo a la mezcla. Cuele la salsa y sazónela con sal y pimienta de Cayena. Antes de servir, añada el estragón y el perifollo reservados. Sirva la salsa templada, no la caliente en exceso. Si la salsa se corta, añada unas gotas de agua fría o cubitos de hielo y bata bien hasta recuperar la consistencia adecuada. Para mantener la salsa caliente, viértala en un cuenco o en un cazo pequeño limpio, cúbralo con film transparente y dispóngalo sobre el cazo con agua caliente.

Salsa muselina (arriba) y Salsa bearnesa

Salsa holandesa

Esta salsa básica, fina y elaborada a base de mantequilla, suele servirse con espárragos, tal como muestra la fotografía. Consulte las instrucciones paso a paso de la página 63.

*Tiempo de preparación **10 minutos***
*Tiempo de cocción **10 minutos***
Para 500 ml aproximadamente

200 g de mantequilla clarificada (vea página 63)
3 yemas de huevo a temperatura ambiente
una pizca de pimienta de Cayena
   (vea las Notas del chef)
1 cucharadita de zumo de limón

1   Llene hasta la mitad un cazo con agua y caliéntela hasta que empiece a hervir. Tenga preparado un cuenco refractario que encaje sobre el cazo, pero sin que llegue a tocar el agua.
2   Derrita la mantequilla en otro cazo. Ponga las yemas de huevo y 3 cucharadas de agua en el cuenco y bátalas hasta que resulten espumosas. Coloque el cuenco sobre el agua hirviendo y siga batiendo a fuego muy lento hasta que la mezcla espese y, al levantar el batidor, quede una marca en la superficie. Añada gradualmente la mantequilla, sin dejar de batir. Cuando haya incorporado toda la mantequilla, cuele la salsa sobre un cazo o un cuenco limpio y sazónela al gusto con sal, pimienta de Cayena y zumo de limón. Sírvala de inmediato o manténgala caliente, cubierta con film transparente, sobre el cazo con agua caliente.

Notas del chef Si la salsa se enfría demasiado, cuajará. Para calentarla, colóquela sobre un cazo con agua caliente y remueva. Si se calienta en exceso, se cortará. Retire el cuenco del vapor e incorpore un cubito de hielo o unas gotas de agua fría.

   Para tomar pequeñas cantidades de pimienta de Cayena, utilice la punta de un cuchillo. No lo haga con los dedos, pues los restos de pimienta podrían provocarle molestias si entran en contacto con los ojos o los labios.

Salsa de tomate

Esta aromática y sabrosa salsa de tomate se presenta aquí con pescado rebozado frito, aunque también resultaría deliciosa con carne o pasta.

Tiempo de preparación 20 minutos
Tiempo de cocción 45 minutos
Para 410 ml aproximadamente

2 kg de tomates muy maduros ó 4 latas de 425 g de tomates en conserva, escurridos y troceados
2 cucharadas de aceite de oliva
2 cucharadas de concentrado de tomate
100 g de zanahorias cortadas en dados
100 g de cebollas cortadas en dados
100 g de bacon cortado en dados
4 ramitas de tomillo fresco
2 hojas de laurel
una pizca de pimienta de Cayena

1   Si utiliza tomates frescos, realice una pequeña incisión en forma de cruz en las bases, colóquelos en un cuenco y cúbralos con agua hirviendo. Déjelos 10 segundos antes de sumergirlos en un cuenco con agua helada. Escúrralos y, con la punta de un cuchillo afilado, quite los tallos, pele los tomates, córtelos en cuartos y retire las semillas. A continuación, trocee la pulpa.

2   Caliente el aceite de oliva en un cazo a fuego medio. Agregue el concentrado de tomate y fríalo durante 30 segundos, removiendo constantemente con una cuchara de madera para evitar que se queme. Incorpore la zanahoria, la cebolla y el bacon y sofríalo todo, sin que se dore, durante 10 minutos más o hasta que las verduras resulten tiernas.

3   Añada el tomate, el tomillo y las hojas de laurel y sofríalo todo durante 30 minutos (algo más si utiliza tomates en conserva), removiendo de vez en cuando. Cuele la salsa por un tamiz grueso y presione con una cuchara de madera para extraer tanto líquido y tanta pulpa como sea posible. Deseche los ingredientes que queden en el tamiz. Sazone la salsa con sal y pimienta de Cayena y sírvala caliente.

Salsa de manzana

La acidez de esta salsa combina a la perfección con el cerdo asado, como en la fotografía, y también con carnes grasas, como pato o ganso.

Tiempo de preparación 15 minutos
Tiempo de cocción 15 minutos
Para 500 ml aproximadamente

4 manzanas medianas o grandes para cocinar, peladas y en dados pequeños
una pizca de canela o de comino
2 cucharaditas de azúcar

1   Para preparar esta salsa en un cazo, mezcle los dados de manzana, la canela o el comino y el azúcar en un cazo y añada la cantidad de agua necesaria para cubrir ligeramente la base del recipiente. Tápelo con papel encerado y una tapadera y cueza las manzanas a fuego lento-medio entre 10 y 15 minutos o hasta que se hagan puré. Tal vez sea preciso machacarlas con un tenedor o pasarlas por un tamiz para eliminar los posibles grumos.

2   Si la salsa queda demasiado espesa, añada un poco de agua hacia el final del tiempo de cocción. Asimismo puede modificar el dulzor con más azúcar al gusto. Puede servirla caliente o fría.

3   Si prefiere prepararla en el horno microondas, coloque las manzanas en una fuente grande para microondas, junto con la canela o el comino y el azúcar. Caliéntelo a temperatura alta durante unos 4 minutos o hasta que las manzanas se hagan puré al presionarlas con un tenedor contra las paredes de la fuente.

Salsa de tomate (arriba) y Salsa de manzana

Coulís de tomate

Esta refrescante salsa de tomate no necesita cocción y en verano resulta un agradable acompañamiento de verduras a la parrilla, como los calabacines, las berenjenas y los pimientos de la fotografía, o con mousses saladas.

*Tiempo de preparación **20 minutos***
*Tiempo de cocción **Ninguno***
Para 650 ml aproximadamente

1 kg de tomates muy maduros
1 chalote grande picado
2 cucharaditas de aceite de oliva
1 cucharada de vinagre balsámico
2 cucharadas de concentrado de tomate opcional

1 Lleve a ebullición un cazo con agua. Mientras tanto, realice una pequeña incisión en forma de cruz en la base de cada tomate. Colóquelos en un cuenco, cúbralos con el agua hirviendo y déjelos 10 segundos antes de sumergirlos en un cuenco con agua helada. Escúrralos y, con la punta de un cuchillo afilado, quite los tallos, pele los tomates, córtelos en cuartos y retire las semillas. A continuación, trocee la pulpa.

2 Triture el tomate y el chalote en un robot de cocina hasta obtener una mezcla fina. Cuélela por un tamiz fino y pásela a un cuenco de base circular.

3 Disponga el cuenco sobre un paño de cocina para evitar que se mueva al batir. Incorpore gradualmente el aceite de oliva, en un chorro fino y constante, mientras bate de manera continua. Cuando la mezcla haya emulsionado o espesado, añada el vinagre balsámico y salpiméntela. Una alternativa consiste en devolver la mezcla de tomate ya colada al robot de cocina, añadir el aceite y el vinagre, y mezclarlo todo. Si la salsa no adquiere un color rojo brillante o tiene muy poco sabor a tomate, agregue el concentrado de tomate para intensificar tanto el color como el sabor.

Nota del chef Si no es temporada de tomates, utilice tomates en conserva escurridos.

Coulís de pimiento rojo

Use este coulís del mismo modo que un coulís de tomate cuando resulte más adecuado un sabor distinto. Aquí se presenta con kebabs de pollo a la parrilla.

*Tiempo de preparación **10 minutos***
*Tiempo de cocción **25 minutos***
Para 220 ml aproximadamente

3 pimientos rojos
20 g de mantequilla ó 1 cucharada de aceite de oliva
2 chalotes picados finos
1 diente de ajo picado fino
250 ml de caldo de pollo o de ternera
  (vea las páginas 60–61)

1 Corte los pimientos por la mitad, retire las semillas y las membranas, aplánelos y engrase ligeramente la piel con aceite. Colóquelos bajo el gratinador precalentado, con la piel hacia arriba, hasta que ésta se haya abierto y presente una tonalidad negra uniforme. Sáquelos, métalos en una bolsa de plástico y, cuando estén fríos, pélelos y corte la pulpa en trozos más o menos iguales.

2 Caliente la mantequilla o el aceite en un cazo de fondo pesado, añada el chalote y el ajo y sofríalo durante 1 ó 2 minutos, hasta que se ablande, pero sin que tome color. Agregue el pimiento, vierta 200 ml del caldo y llévelo a ebullición. Baje el fuego y déjelo hervir unos 10 minutos, hasta que el líquido se haya reducido a la mitad. Machaque los pimientos ya tiernos contra las paredes del cazo hasta obtener un puré espeso, o bien tritúrelo en un robot de cocina hasta que la mezcla resulte fina. Salpiméntela al gusto.

3 Cuélela y, en caso necesario, aclárela con el caldo restante. El coulís debería quedar tan espeso como para cubrir el dorso de una cuchara. Puede servirse templado o muy frío.

Nota del chef Utilice un caldo que complemente el plato que vaya a servir, por ejemplo, un caldo de pescado con un plato de pescado, o un caldo de verduras con un plato de verdura.

Coulís de tomate (arriba) y Coulís de pimiento rojo

Salsa de pan

Esta salsa de sabor delicado, de gran tradición en Inglaterra, es un acompañamiento clásico del pollo, el pavo o la carne de caza asada. En la fotografía se presenta con pavo y verduras.

Tiempo de preparación *5 minutos + 15 minutos de reposo*
Tiempo de cocción *15 minutos*
Para 400 ml aproximadamente

400 ml de leche
8 clavos
1 cebolla pequeña ó 2 chalotes grandes
2 hojas de laurel
120 g de pan recién rallado

1 Vierta la leche en un cazo y caliéntela a fuego medio. Clave los clavos en la cebolla y póngala en el cazo junto con las hojas de laurel. Lleve la leche lentamente a ebullición. Retírela del fuego, tápela y déjela reposar 15 minutos para que la leche absorba bien los aromas.

2 Cuele la leche por un tamiz fino y deseche los ingredientes aromatizantes. Agregue el pan rallado de manera gradual, batiendo constantemente, hasta que la salsa espese bastante. Salpiméntela al gusto.

3 Puede preparar la salsa con un día de antelación, aunque en tal caso deberá añadir un poco más de leche antes de servirla, ya que el pan rallado habrá absorbido bastante líquido durante la noche. Pase la salsa a una salsera y sírvala caliente.

Nota del chef También puede añadir una pizca de nuez moscada o aromatizar la leche con otros sabores, por ejemplo, con granos de pimienta. Si sirve la salsa con carne de caza, añada unas cuantas uvas pasas. Si desea una mayor consistencia, agregue un poco de nata o un trozo de mantequilla del tamaño de una nuez.

Rouille

Esta deliciosa salsa se sirve tradicionalmente con la bullabesa, como en la fotografía.

Tiempo de preparación *20 minutos*
Tiempo de cocción *1 hora 20 minutos*
Para 300 ml aproximadamente

1 patata harinosa mediana
1 pimiento rojo
1 yema de huevo
1 cucharadita de concentrado de tomate
1 diente de ajo pelado
120 ml de aceite de oliva
una pizca de pimienta de Cayena

1 Precaliente el horno a 180°C. Ponga la patata en una bandeja para horno y pínchela varias veces con un tenedor. Horneéla 1 hora o hasta que, al clavar la punta de un cuchillo, se note tierna. Si lo prefiere, pinche repetidamente la patata, envuélvala con una servilleta de papel y horneéla en el microondas a temperatura alta de 4 a 6 minutos, dándole la vuelta durante el tiempo de cocción. Cuando la patata esté suficientemente fría para poder manipularla, córtela por la mitad, vacíe la pulpa y colóquela en un robot de cocina.

2 Corte el pimiento por la mitad y retire las semillas y la membrana. Unte la piel ligeramente con aceite y áselo bajo el gratinador, previamente calentado, con la piel hacia arriba hasta que ésta se haya abierto y ennegrecido. Si lo prefiere, hornee el pimiento durante 15 minutos. Métalo en una bolsa de plástico y, cuando esté frío, pélelo. Añada la pulpa al robot de cocina, así como la yema de huevo, el concentrado de tomate y el ajo, y tritúrelo todo hasta obtener una mezcla fina.

3 Con el robot en funcionamiento, incorpore gradualmente el aceite, en un chorro fino y constante, hasta que se mezcle bien. Sazone la salsa al gusto con sal, pimienta y pimienta de Cayena (recuerde que esta salsa es bastante picante). Sírvala en un cuenco o sobre tostadas. Si la sirve para acompañar una bullabesa, disponga una cucharada en el centro de la sopa.

Pesto

Esta salsa clásica, realizada a base de albahaca, parmesano y piñones, no necesita cocción. Tradicionalmente se sirve con pasta, como en el plato de la fotografía.

Tiempo de preparación 15 minutos
Tiempo de cocción Ninguno
Para 800 ml aproximadamente

80 g de albahaca fresca
100 g de queso parmesano
2 dientes de ajo pelados
50 g de piñones
100 ml de aceite de oliva

1   Separe las hojas de albahaca de los tallos y deseche estos últimos. Lave bien las hojas y escúrralas en un centrifugador para ensalada o séquelas con un paño de cocina.

2   Ralle el queso parmesano y, a continuación, tritúrelo en un robot de cocina hasta que adquiera una textura similar al pan rallado. Añada el ajo y los piñones y triture un poco más para mezclar los ingredientes. Agregue la albahaca y siga mezclando.

3   Con el robot de cocina en funcionamiento, añada lentamente el aceite de oliva hasta que se forme una pasta. Salpimiéntela al gusto y siga incorporando el aceite hasta que la mezcla alcance una consistencia algo espesa. Sirva el pesto con los espaguetis o con platos de carne o de verdura a la parrilla. Puede conservar esta salsa tapada en el frigorífico hasta 3 días.

Nota del chef   Si desea conservar el pesto durante más tiempo, páselo a un tarro esterilizado, cubra la superficie con aceite de oliva y refrigérelo. Una vez abierto, el pesto debe consumirse en el plazo de 2 ó 3 días.

Tomate concassé

El término "concassé" se utiliza para designar una preparación clásica a base de tomate picado. Aquí se presenta como aderezo de un plato de raviolis.

Tiempo de preparación 15 minutos
Tiempo de cocción 15 minutos
Para 250 ml aproximadamente

500 g de tomates maduros
aceite de oliva o aceite vegetal de calidad
  para freír
2 chalotes grandes picados finos
1 diente de ajo picado fino
1 cucharada de concentrado de tomate opcional
1 bouquet garni (vea la página 61)

1   Lleve a ebullición un cazo con agua. Mientras tanto, realice pequeñas incisiones en forma de cruz en la base de cada tomate. Póngalos en un cuenco, cúbralos con el agua hirviendo y déjelos 10 segundos. A continuación, sumérjalos en un cuenco con agua helada. Escúrralos y, con la punta de un cuchillo afilado, quite los tallos, pele los tomates, córtelos en cuartos y retire las semillas. Trocee la pulpa.

2   Caliente un poco de aceite en un cazo más bien plano e incorpore el chalote y el ajo. Sofríalos suavemente hasta que queden tiernos, pero sin que lleguen a dorarse. Agregue el concentrado de tomate en caso de que los tomates frescos no estuviesen muy maduros.

3   Añada los tomates junto con el bouquet garni y fríalo todo a fuego fuerte, removiendo constantemente con una cuchara de madera, durante unos 7 minutos o hasta que la mezcla quede seca. Retire el bouquet garni y salpimiente la salsa al gusto.

Salsa de mango y cilantro

Esta salsa tropical resulta deliciosa con vieiras a la parrilla o kebabs de pescado, como en la fotografía.

*Tiempo de preparación **15 min. + 30 min. de refrigeración***
*Tiempo de cocción **Ninguno***
*Para **500 g aproximadamente***

3 mangos maduros
2 cebolletas picadas finas
3 cucharadas de cilantro fresco picado
2 cucharadas de zumo de lima o al gusto
jengibre fresco picado fino al gusto

1   Pele los mangos con un cuchillo pequeño para fruta. Corte a ambos lados del hueso para separar la pulpa, trocéela en dados uniformes y colóquelos en un cuenco pequeño.

2   Añada la cebolleta y el cilantro fresco, y sazónelo todo con pimienta negra recién molida. Remueva la mezcla y agregue el zumo de lima y el jengibre al gusto. Cubra el cuenco con film transparente y refrigérelo 30 minutos antes de servir. Sirva esta salsa con fiambres, pescado a la parrilla o platos de pollo.

Salsa agridulce

Esta salsa, de influencia china, combina a la perfección con gambas salteadas, como en la fotografía.

Tiempo de preparación **8 minutos**
Tiempo de cocción **10 minutos**
Para 150 ml aproximadamente

1¹/₂ cucharaditas de fécula de maíz
3 cucharadas de vinagre
2 cucharadas de azúcar moreno
3 cucharadas de zumo de piña
2 cucharadas de salsa de tomate
2 cucharaditas de salsa de soja

1   Disuelva la fécula de maíz en 1¹/₂ cucharaditas de agua y déjela reposar. Coloque los demás ingredientes en un cazo pequeño y llévelos a ebullición.

2   Cuando la mezcla hierva, baje el fuego e incorpore batiendo la mezcla de agua y fécula de maíz. Remueva durante unos 5 minutos o hasta que la mezcla espese. Esta salsa, que debe servirse caliente, es un excelente aderezo para platos de cerdo frito, gambas salteadas o pollo. También puede servirse como salsa para mojar.

Salsa china de limón

Este clásico acompañamiento asiático suele servirse con tiras de pollo frito o salteado. Asimismo combina bien con marisco y aves.

Tiempo de preparación **10 minutos**
Tiempo de cocción **10 minutos**
Para 250 ml aproximadamente

60 ml de zumo de limón
60 ml de caldo de pollo (vea la página 61)
1 cucharada de miel
1 cucharada de azúcar
¹/₂ cucharadita de jengibre fresco rallado
1 cucharada de fécula de maíz
1–2 gotas de colorante alimentario amarillo

1   Ponga el zumo de limón, el caldo de pollo, la miel, el azúcar y el jengibre en un cazo con 125 ml de agua. Caliéntelo todo a fuego medio hasta que se disuelva el azúcar.

2   Suba el fuego y lleve a ebullición. Mezcle en otro recipiente la fécula de maíz con un poco de agua y añada la mezcla al cazo, removiendo constantemente hasta que la salsa hierva y espese. Retírela del fuego, incorpore el colorante alimentario y sazónela con una pizca de sal. Sírvala de inmediato.

Salsa agridulce (arriba) y Salsa china de limón

Salsa roja

En México, las salsas siempre están presentes en la mesa. Existen más de 100 clases de chile, más o menos picantes según la variedad, el suelo de cultivo y el clima. En la fotografía se ha servido esta salsa con tortitas de maíz.

Tiempo de preparación 20 min. + 2–3 horas de refrigeración
Tiempo de cocción Ninguno
Para 700 ml aproximadamente

3 tomates maduros sin semillas y picados
1 cebolla picada
3 chiles serrano sin semillas y picados
2 cucharaditas de sal
2 cucharaditas de zumo de lima
1 cucharada de hojas de cilantro fresco picadas gruesas

1   Mezcle bien todos los ingredientes en un cuenco. Cúbralo con film transparente y refrigérelo entre 2 y 3 horas para que los sabores maduren.

2   Esta salsa puede servirse muy fría o a temperatura ambiente con ternera, pollo o pescado a la parrilla, o bien como salsa para mojar con tortitas de maíz.

Notas del chef Si prefiere una textura más fina, prepare la salsa en un robot de cocina. Añada el cilantro al final, una vez la salsa ya esté bien mezclada.

El sabor picante de los chiles serrano varía de fuerte a moderado.

Salsa de cacahuete para mojar

Esta salsa para mojar, tan popular y versátil, puede servirse con brochetas satay, como las de pollo que aparecen en la fotografía, o con verduras, por ejemplo, ramitos de brécol o tiras de zanahoria o de pimiento.

Tiempo de preparación 10 minutos
Tiempo de cocción 5 minutos
Para 300 ml aproximadamente

125 g de manteca de cacahuete fina
1 diente de ajo picado fino opcional
60 ml de leche de coco
unas gotas de salsa Tabasco al gusto
1 cucharada de miel
1 cucharada de zumo de limón
1 cucharada de salsa de soja ligera

1   En un cazo mediano mezcle la manteca de cacahuete, el ajo, la leche de coco y 60 ml de agua. Caliente a fuego medio, sin dejar de remover, entre 1 y 2 minutos o hasta que la mezcla quede fina y espesa.

2   Incorpore la salsa Tabasco, la miel, el zumo de limón y la salsa de soja y siga mezclando 1 minuto más o hasta que la salsa esté caliente y resulte homogénea.

Nota del chef No caliente la salsa demasiado, pues se corta con gran facilidad.

Jugo

Un jugo se elabora con los líquidos caramelizados que quedan en la cazuela al asar ternera, aves, cordero o vaca. Aquí se ha servido con chuletas de cordero asadas y verduras asiáticas al vapor.

Tiempo de preparación 15 minutos
Tiempo de cocción 30 minutos
Para 250 ml aproximadamente

500 g de corte de carne o de ave asado
500 ml de caldo de vacuno para carnes fuertes
  o caldo blanco para carnes más suaves
  (vea páginas 60–61)
1 zanahoria picada
1 cebolla picada
1 tallo de apio picado
1 puerro picado
1 hoja de laurel
2 ramitas de tomillo fresco
3 granos de pimienta

1 Cuando la carne esté asada, retírela de la cazuela y déjela reposar 20 minutos. Si queda mucha grasa en la cazuela, retire la mayoría y deje sólo lo necesario para freír las verduras. En otro cazo, caliente el caldo a fuego medio.

2 Añada a la cazuela la zanahoria, la cebolla, el apio y el puerro y rehogue las verduras durante 5 minutos, hasta que se doren, removiendo constantemente con una cuchara de madera para evitar que se peguen. Retire el exceso de grasa de la cazuela y agregue la hoja de laurel, el tomillo y los granos de pimienta. Incorpore parte del caldo caliente mientras rasca la base de la cazuela con una cuchara de madera hasta que hierva.

3 Añada el caldo restante y llévelo a ebullición. Baje el fuego y déjelo cocer entre 5 y 10 minutos o hasta que se haya reducido a la mitad, retirando de la superficie la espuma o la grasa que se forme durante la cocción. Cuele el jugo en una jarra y salpiméntelo al gusto.

Salsa gravy

Esta receta puede prepararse al asar pollo, vaca u otras carnes. En la fotografía adereza un plato de "roast beef" y pudding de Yorkshire con patatas y verduras al horno.

Tiempo de preparación 15 minutos
Tiempo de cocción 1–2 horas, según la clase
  de carne
Para 300 ml aproximadamente

aceite para freír
carne de su elección para asar
1/2 cebolla en dados grandes
1 zanahoria pequeña cortada en dados grandes
1/2 tallo de apio cortado en trozos grandes
2 dientes de ajo ligeramente majados
1 hoja de laurel
2 ramitas de tomillo fresco
30 g de harina
500 ml de caldo de vacuno para las carnes fuertes
  o caldo blanco para las carnes más suaves
  (vea las páginas 60–61)

1 En una cazuela, caliente 5 mm de aceite. Saltee la carne durante unos 5 minutos, dándole vueltas para que se haga por todos los lados. Retírela de la cazuela. Ponga en ella las verduras, el ajo y las hierbas. Disponga la carne sobre las verduras y hornéela a una temperatura apropiada para la clase de carne.

2 Cuando esté hecha, retírela y manténgala caliente. Retire la grasa y deje todos los jugos y sedimentos de la cocción con las verduras. Si es preciso, fría en la misma cazuela las verduras, u hornéelas, para que adquieran más color.

3 Incorpore la harina y rehóguelo todo durante 1 minuto a fuego lento. Retire la cazuela del fuego y añada lentamente el caldo, removiendo para que no se formen grumos. Colóquela de nuevo a fuego medio, sin dejar de remover, hasta que hierva. Baje entonces el fuego y déjelo hervir 20 minutos, retirando de vez en cuando la espuma o grasa que se forme en la superficie. Cuele la salsa, sazónela y sírvala caliente.

Salsa bordelesa

*Esta salsa de la región francesa de Burdeos se elabora
tradicionalmente con vino, chalotes y tuétano.
Sin embargo, en esta receta la médula es opcional,
ya que la salsa resulta igualmente deliciosa sin ella.
En la fotografía se presenta con un filete a la parrilla.*

*Tiempo de preparación **10 minutos***
*Tiempo de cocción **20 minutos***
*Para **250 ml aproximadamente***

300 g de hueso de jarrete de vaca con tuétano
  cortado en trozos de 10 cm, opcional
4 chalotes picados muy finos
6 granos de pimienta
1 ramita de tomillo fresco
1/2 hoja de laurel
400 ml de vino tinto
400 ml de caldo de ternera (vea la página 60)
15 g de mantequilla cortada en dados y refrigerada

1 Si utiliza el hueso de jarrete, coloque los trozos en un
recipiente, cúbralos con agua fría y cuézalos durante 5 minutos o hasta que el tuétano se desprenda con facilidad.
Córtelo en porciones pequeñas.

2 En un cazo amplio ponga los chalotes junto con los
granos de pimienta, el tomillo y la hoja de laurel. Agregue el
vino tinto y llévelo a ebullición. Baje ligeramente el fuego y
deje hervir unos 3 minutos o hasta que el líquido se haya
evaporado y el cazo quede casi seco.

3 Incorpore el caldo de ternera mientras rasca la base del
cazo con una cuchara de madera y llévelo de nuevo a
ebullición. Baje el fuego y déjelo cocer 10 minutos o hasta
que la salsa se haya reducido a 250 ml. Espume la superficie
de vez en cuando. Salpimiente la salsa al gusto y espume la
superficie de nuevo. Cuélela por un tamiz fino y, a continuación, añada los dados de mantequilla, de uno en uno y
batiendo, hasta que la salsa espese ligeramente. Por último,
recaliente el tuétano en agua hirviendo o en una sartén
caliente e incorpórelo a la salsa. Sírvala caliente.

Salsa de marisco

*Esta salsa, elaborada con ingredientes similares a los
de una bisque, resulta exquisita con todo el marisco,
especialmente con bogavante, como en la fotografía.*

*Tiempo de preparación **20 minutos***
*Tiempo de cocción **1 hora***
*Para **350 ml aproximadamente***

aceite vegetal para cocinar
2 dientes de ajo ligeramente majados
1/2 cebolla cortada en dados
1 zanahoria pequeña cortada en dados
1 tallo de apio picado
1 hoja de laurel
2 ramitas de tomillo fresco
500 g de caparazones de marisco, como por ejemplo
  cangrejos, bogavantes o gambas
100 ml de vino blanco
50 ml de coñac
30 g de harina
2 cucharadas de concentrado de tomate
100 g de tomates, partidos por la mitad y sin semillas
1 litro de caldo de pescado (vea la página 61)
50 ml de nata espesa, opcional

1 Caliente suavemente el aceite y el ajo en un cazo grande y
hondo. Añada las verduras y saltéelas, removiendo de vez en
cuando, hasta que estén tiernas y empiecen a tomar color.

2 Añada el laurel, el tomillo y los caparazones. Agregue el
vino y el coñac, mientras rasca la base del cazo para que los
jugos no se queden en el fondo. Manténgalo en el fuego hasta
que se evapore todo el líquido. Esparza la harina por encima
e incorpore el concentrado de tomate y el tomate. Añada el
caldo y siga removiendo hasta que hierva. Baje el fuego y
cuézalo de 30 a 40 minutos, removiendo de vez en cuando.

3 Cuele la salsa sobre un cazo limpio y manténgala caliente.
Salpimiéntela y, si lo desea, añada la nata. Sírvala caliente.

Salsa bordalesa (arriba) y Salsa de marisco

Mayonesa

La mayonesa puede usarse como salsa o para aderezar ensaladas. Aquí se presenta con huevos duros, pan negro, aceitunas, alcaparras y pepinillos. Consulte las instrucciones adicionales de la página 62.

*Tiempo de preparación **10 minutos***
*Tiempo de cocción **Ninguno***
Para 400 ml aproximadamente

2 yemas de huevo
50 g de mostaza de Dijon ó 1 cucharadita colmada
  de mostaza seca en polvo
275 ml de aceite de oliva o de cacahuete
1 cucharada de vinagre de vino blanco

1 Todos los ingredientes deben estar a temperatura ambiente. Coloque un cuenco grande y hondo sobre un paño de cocina para que no se mueva. Ponga en él las yemas de huevo, la mostaza, pimienta blanca molida al gusto y 1 cucharadita de sal. Mézclelo todo bien con un batidor de varillas o con una batidora eléctrica.

2 Ponga el aceite en un vaso graduado o en un recipiente del que se pueda verter cómodamente. Vierta un chorro fino de aceite en la mezcla, batiendo constantemente. Al principio vierta sólo un poco y deje de batir de vez en cuando para que la mezcla vaya quedando espesa y cremosa después de cada adición. Continúe hasta haber añadido 100 ml de aceite.

3 En este momento la mayonesa debería resultar bastante espesa. Incorpore el vinagre. La mezcla quedará más clara. Siga incorporando el aceite restante de manera gradual.

4 Si es preciso, añada una pizca de vinagre o de sal para ajustar el sabor de la mayonesa. Si se corta, añada 1 ó 2 cucharadas de agua hirviendo y bata de nuevo.

5 La mayonesa se conserva en el frigorífico hasta una semana. Además puede usarla como base para otras salsas, como la mil islas o la tártara.

Salsa mil islas

Esta suave y sabrosa salsa suele servirse como aderezo de ensaladas, aunque también se puede utilizar en emparedados y hamburguesas. En la fotografía acompaña un plato de langostinos y ensalada.

*Tiempo de preparación **10 minutos + 20 minutos***
  de refrigeración
*Tiempo de cocción **Ninguno***
Para 350 ml aproximadamente

250 g de mayonesa casera o de buena calidad
80 g de salsa de tomate
80 g de salsa de guindillas o de condimento a base
  de guindillas
1 cebolla pequeña rallada
1 pimiento rojo o verde sin semillas y picado fino
1 cucharadita de salsa Worcestershire o al gusto
1 cucharadita de salsa Tabasco o al gusto
1 cucharadita de brandy o al gusto

1 En un cuenco, mezcle bien la mayonesa, la salsa de tomate y el condimento de guindillas. Incorpore la cebolla, el pimiento, la salsa Worcestershire, la salsa Tabasco y el brandy al gusto.

2 Tape el cuenco con film transparente y refrigere la salsa hasta el momento de su utilización. Prepárela con 20 minutos de antelación, como mínimo, y déjela tapada en el frigorífico para que los sabores maduren.

Nota del chef Aderece con esta salsa una ensalada de lechuga iceberg. Para convertir esta ensalada en un plato completo, agregue gambas cocidas frías y tostaditas untadas con ajo.

Salsa para ensalada César

A menudo se cree que la ensalada César es un plato estadounidense, pero de hecho fue creada por César Cardini en Tijuana, México, en los años veinte.

Tiempo de preparación **10 minutos**
Tiempo de cocción **Ninguno**
Para **250 ml aproximadamente**

3 dientes de ajo pequeños majados
2 yemas de huevo
60 ml de aceite de oliva
1 cucharadita de salsa Worcestershire
3 cucharaditas de zumo de limón
55 g de queso parmesano rallado

1 Con un batidor de varillas o una batidora eléctrica, mezcle bien el ajo majado y las yemas de huevo en un cuenco grande de vidrio. Vaya incorporando el aceite de oliva, gota a gota o en un chorrito fino, sin dejar de batir hasta que la salsa empiece a espesar.
2 Añada la salsa Worcestershire. Incorpore batiendo el aceite restante, el zumo de limón y, por último, el queso parmesano.

Nota del chef Para preparar una ensalada César, coloque en un cuenco unas hojas de lechuga, lavadas y escurridas, e incorpore la salsa. Quite la corteza de cuatro rebanadas de pan y corte la miga en dados. Fríalos en 30 ml de aceite de oliva hasta que estén crujientes y dorados. Esparza los picatostes sobre la ensalada y decórela con 45 g de filetes de anchoa y un poco de queso parmesano rallado.

Salsa verde

Esta salsa de colorido vistoso, realizada a base de mayonesa, es un complemento ideal para platos como el filete de salmón cocido de la fotografía.

*Tiempo de preparación **20 minutos***
*Tiempo de cocción **15 minutos***
Para 375 ml aproximadamente

50 g de hojas de espinacas
50 g de estragón fresco
1 cucharadita de cebollino fresco
50 g de perifollo o perejil fresco
50 g de hojas de berros
1 diente de ajo picado grueso
250 g de mayonesa casera o de buena calidad

1   Lave tres veces las hojas de espinacas con agua fría, hasta eliminar todos los posibles restos de tierra o suciedad. Escúrralas. Lave también las demás hierbas y escúrralas.
2   Triture las verduras, las hierbas, el ajo y 30 ml de agua en un robot de cocina hasta que la mezcla resulte fina.
3   Pásela a un cazo de fondo pesado, cáliéntela suavemente hasta que empiece a hervir y déjela cocer hasta que presente un aspecto seco y parezca que se haya cortado ligeramente. Cuélala de inmediato por un tamiz forrado con un trozo de muselina. Déjela enfriar un poco y, cuando ya no queme, una los extremos del trozo de muselina y enróllelos para eliminar el exceso de humedad. Deseche el líquido.
4   En un cuenco, mezcle un poco de mayonesa con la pasta seca para diluirla ligeramente. Agregue la mayonesa restante para obtener una salsa verde de tonalidad brillante. Pruébela y sazónela al gusto. Sirva esta salsa con ensaladas, platos fríos de carne de ave o pescado cocido, sopas y terrinas.

Salsa rosa

Puede adaptar la intensidad de los distintos sabores a su gusto. Sirva esta salsa con su marisco preferido, por ejemplo, con gambas y vieiras a la plancha.

*Tiempo de preparación **5 minutos***
*Tiempo de cocción **Ninguno***
Para 350 ml aproximadamente

250 g de mayonesa casera o de buena calidad
80 g de salsa de tomate
salsa Worcestershire al gusto
salsa Tabasco al gusto
brandy al gusto

1   En un cuenco pequeño mezcle la mayonesa y la salsa de tomate. Añada unas gotas de salsa Worcestershire, de salsa Tabasco y de brandy, y mézclelo todo bien.
2   Cubra la salsa con film transparente y refrigérela. Sírvala con marisco.

Salsa tártara

Una base de mayonesa con alcaparras y pepinillos constituirá una salsa que combina a la perfección con pescado rebozado frito, como en la fotografía.

Tiempo de preparación **10 minutos + 30 minutos** de refrigeración
Tiempo de cocción **Ninguno**
Para 350 ml aproximadamente

25 g de alcaparras escurridas y picadas finas
50 g de pepinillos pequeños escurridos y picados finos
250 g de mayonesa casera o de buena calidad
1 cucharada de perejil fresco picado o al gusto

1   En un cuenco pequeño, mezcle las alcaparras y los pepinillos con la mayonesa. Agregue perejil al gusto.
2   Puede servir la salsa de inmediato o bien taparla con film transparente y refrigerarla 30 minutos antes de servir. Úsela para acompañar platos de pescado frito o a la parrilla.

Nota del chef Si lo desea, puede añadir a la salsa zumo de limón, chalote en dados pequeños o cebollinos picados.

Salsa andaluza

Esta salsa aporta un toque de dulzor y colorido, ideal para platos de pescado o marisco, como el pescado frito con hinojo braseado de la fotografía.

Tiempo de preparación **5 min. + 30 min. de refrigeración**
Tiempo de cocción **Ninguno**
Para 350 ml aproximadamente

30 g de pimiento morrón en conserva
250 g de mayonesa casera o de buena calidad
80 g de salsa de tomate

1   Escurra el pimiento, córtelo en dados pequeños y resérvelo. Ponga la mayonesa en un cuenco pequeño, añada la salsa de tomate y remueva hasta que la mezcla resulte homogénea. Incorpore el pimiento.
2   Tape la salsa con film transparente y refrigérela 30 minutos antes de servirla. Sírvala con pescado frito o a la parrilla, o como salsa para mojar.

Salsa rémoulade

Esta salsa, acompañamiento tradicional del apio nabo rallado, resulta también deliciosa con fiambres, como el jamón, el pavo y la ternera de la fotografía.

*Tiempo de preparación **10 minutos + 10 minutos**
  de refrigeración + 15 minutos en remojo*
*Tiempo de cocción **Ninguno***
Para 325 ml aproximadamente

3 filetes de anchoa
60 ml de leche
250 g de mayonesa casera o de buena calidad
2 cucharaditas de mostaza de Dijon
25 g de alcaparras escurridas y picadas
50 g de pepinillos escurridos y picados

1 Ponga los filetes de anchoa en un cuenco pequeño, déjelos en remojo en la leche durante 15 minutos y escúrralos a continuación. Deseche la leche y pique las anchoas bien finas.

2 En un cuenco pequeño, mezcle la mayonesa con las anchoas picadas y la mostaza hasta obtener una pasta homogénea. Incorpore las alcaparras y los pepinillos.

3 Cubra el cuenco con film transparente y refrigere la salsa durante 10 minutos o hasta que vaya a servirla. Sirva la salsa rémoulade con pescado a la parrilla, apio nabo rallado o fiambres.

Vinagreta clásica

Una salsa vinagreta clásica añade sabor a todo tipo de ensaladas y verduras. En la fotografía se presenta como aderezo de una ensalada mixta.

*Tiempo de preparación **5 minutos***
*Tiempo de cocción **Ninguno***
Para 250 ml aproximadamente

2 cucharadas de mostaza de Dijon
50 ml de vinagre de vino blanco
200 ml de aceite de oliva o aceite para ensaladas
  de buena calidad

1 En un cuenco bata la mostaza y el vinagre con sal y pimienta al gusto.

2 Incorpore el aceite poco a poco, batiendo constantemente. De este modo el aceite no quedará separado en la superficie, sino que obtendrá una emulsión de textura fina y espesa. Si la salsa queda demasiado fuerte para su gusto, añada un poco más de aceite.

3 La vinagreta puede conservarse a temperatura ambiente en un recipiente hermético y alejado de la luz solar directa hasta 1 semana.

Nota del chef Grosso modo, las proporciones para preparar una salsa vinagreta son una parte de ácido (vinagre de vino o zumo de limón) por cuatro partes de aceite.

Salsa rémoulade (arriba) y Vinagreta clásica

Vinagreta de frambuesas

*Sirva esta deliciosa vinagreta con una ensalada
verde y aguacates.*

*Tiempo de preparación **10 minutos***
*Tiempo de cocción **Ninguno***
*Para **250 ml aproximadamente***

100 g de frambuesas frescas o congeladas
50 ml de vinagre de vino blanco
1 cucharada de azúcar o al gusto
200 ml de aceite de maíz o aceite para ensaladas
  de buena calidad

1 Triture las frambuesas junto con el vinagre en un robot
de cocina hasta obtener un puré fino. Si no es temporada de
frambuesas o éstas son demasiado ácidas, añada el azúcar en
este momento.

2 Con el robot de cocina en funcionamiento, añada
gradualmente el aceite en un chorro fino. Salpimiente la
vinagreta al gusto y, a continuación, cuélela por un tamiz
fino para eliminar las semillas de la fruta. Puede servir esta
salsa de inmediato o refrigerarla en un recipiente tapado
hasta 48 horas, aunque es posible que el color pierda
intensidad.

Salsa gribiche

Esta salsa hace que los alimentos más suaves resulten especialmente sabrosos. Pruébela con verduras, como alcachofas o espárragos blancos.

*Tiempo de preparación **10 minutos***
*Tiempo de cocción **Ninguno***
Para 275 ml aproximadamente

250 ml de vinagreta (vea la página 44)
¹/2 cucharada de pepinillos picados
¹/2 cucharada de alcaparras picadas
¹/2 cucharada de cebolletas picadas
¹/2 huevo duro pasado por un colador
  (vea Nota del chef)

1   En un cuenco, mezcle bien la vinagreta, los pepinillos, las alcaparras, las cebolletas y el huevo duro. Salpimiente la mezcla al gusto.
2   Puede servir la salsa de inmediato o taparla con film transparente y refrigerarla hasta 24 horas.

Notas del chef Para que el huevo quede bien fino, presiónelo a través de un colador de acero inoxidable, pues los de nailon son demasiado blandos y resultaría difícil hacer pasar el huevo.

Sirva esta salsa con platos de pescado, como trucha o perca cocida, o con corazones de alcachofa hervidos.

Vinagreta de pepino

Esta interesante variante de la vinagreta clásica resulta deliciosa con trucha ahumada, como en la fotografía.

*Tiempo de preparación **15 minutos***
*Tiempo de cocción **5 minutos***
Para 250 ml aproximadamente

¹/2 pepino, unos 100 g
3 cucharaditas de vinagre de vino blanco
3 cucharaditas de mostaza de Dijon
100 ml de aceite para ensalada ligero, como aceite
  de maíz o de cacahuete

1   Llene un cazo pequeño con agua salada y llévela a ebullición. Pele el pepino y reserve tanto la pulpa como la piel. Retire las semillas y deséchelas. Añada la piel al cazo con agua, lleve de nuevo a ebullición, baje entonces el fuego y deje hervir hasta que la piel quede tierna. Escúrrala y colóquela en un cuenco con agua helada durante 10 segundos. A continuación, escúrrala y tritúrela en un robot de cocina junto con el vinagre y la mostaza hasta obtener un puré fino.
2   Con el robot en funcionamiento, incorpore gradualmente el aceite en un chorro fino y constante. Agregue la pulpa de pepino y siga triturando. Salpimiente la mezcla al gusto. Si desea obtener una textura más fina, cuélela. Puede tapar esta vinagreta con film transparente y refrigerarla hasta 2 días, pero lo ideal sería servirla al cabo de 1 ó 2 horas.

Salsa gribiche (arriba) y Vinagreta de pepino

Vinagreta de cítricos

Esta salsa es muy indicada para aderezar una ensalada. Sírvala como acompañamiento de un plato de oca, cerdo o pato chino, como muestra la fotografía.

Tiempo de preparación 15 minutos + 1–2 horas de reposo
Tiempo de cocción Ninguno
Para 500 ml aproximadamente

el zumo y la ralladura fina de 1 naranja
el zumo y la ralladura fina de 1 limón
el zumo y la ralladura fina de 1/2 pomelo
300 ml de aceite de maíz u otro aceite
para ensalada de buena calidad

1 Ponga los zumos y las ralladuras en un cuenco. Incorpore gradualmente el aceite y salpimiente al gusto la mezcla. Si lo prefiere, puede hacerlo en un robot de cocina.
2 Cubra la salsa con film transparente y déjela reposar entre 1 y 2 horas a temperatura ambiente para que los sabores maduren antes de servirla.

Nota del chef Tal vez haya que aumentar o reducir la cantidad de aceite, según el tamaño de las frutas y el gusto personal.

Vinagreta à l'ancienne

El nombre de esta salsa se debe a la mostaza en grano utilizada, denominada en francés "moutarde à l'ancienne". En la fotografía se presenta con una ensalada de patatas y cebollino.

Tiempo de preparación 5 minutos
Tiempo de cocción Ninguno
Para 300 ml aproximadamente

1 cucharada de mostaza en grano
50 ml de vinagre de vino blanco
200 ml de aceite para ensalada de buena calidad

1 En un cuenco, ponga la mostaza, el vinagre, sal y pimienta al gusto y bátalo todo bien.
2 Coloque el cuenco sobre un paño de cocina para que no se mueva mientras añade el aceite. Incorpórelo de manera gradual en un chorro fino pero constante, mientras bate la mezcla de manera continua. De este modo conseguirá ligar el vinagre y el aceite.

Nota del chef La cantidad de aceite empleado influye en lo picante y espesa que resultará la salsa. Con menos aceite se obtiene un sabor más fuerte y una textura más clara.

Salsa de queso azul

*Esta salsa tan versátil y tradicional puede servirse
con verduras, peras o aguacates,
como en la fotografía.*

Tiempo de preparación 15 minutos
Tiempo de cocción Ninguno
Para 350 ml aproximadamente

**80 g de queso azul de textura grumosa,
(el roquefort o el stilton son ideales)**
80 ml de vinagre de vino blanco
160 ml de aceite de oliva ligero
50 g de perejil fresco picado fino

1   En un cuenco pequeño de vidrio, desmigaje el queso azul
y macháquelo con un tenedor hasta obtener una pasta fina.
2   Para preparar una vinagreta, ponga en otro cuenco el
vinagre con sal y pimienta al gusto y bátalo todo. Mientras
bate, incorpore de manera gradual el aceite en un chorro
fino y constante hasta que la mezcla resulte fina y espesa, es
decir, hasta que haya emulsionado.
3   Vierta la vinagreta sobre el queso y añada el perejil
picado. Mézclelo bien hasta que la salsa resulte fina, pero
todavía se puedan apreciar en ella los grumos del queso.
En caso necesario, añada sal o pimienta. Sírvala como salsa
para mojar con porciones de fruta o de verdura cruda, con
aguacate, o bien como aderezo de ensaladas verdes.

Salsa de eneldo

*Esta salsa ligeramente dulce es el acompañamiento
tradicional del salmón escandinavo, como en la
fotografía, o de cualquier otro pescado ahumado.*

Tiempo de preparación 10 minutos
Tiempo de cocción Ninguno
Para 150 ml aproximadamente

I cucharadita colmada de mostaza en grano
I cucharada colmada de mostaza de Dijon
¹/2 cucharadita de azúcar
75 ml de aceite de cacahuete
I cucharada de vinagre de vino blanco
I cucharada de eneldo fresco picado

1   Coloque un cuenco grande de vidrio sobre un paño de
cocina doblado. Ponga en él la mostaza en grano, la mostaza
de Dijon, el azúcar y una pizca de sal y bátalo todo bien.
2   Incorpore el aceite a la mezcla en un chorro muy fino y
constante mientras sigue batiendo. Resultará más fácil verter
el aceite desde una jarra con pico. Siga batiendo hasta que haya
añadido la mitad del aceite aproximadamente y la mezcla haya
espesado. Agregue lentamente todo el vinagre sin dejar de
batir y, por último, añada todo el aceite restante hasta obtener
una mezcla fina y homogénea.
3   Incorpore el eneldo picado y añada 1 cucharada de agua
caliente (como medida de seguridad para evitar que la salsa
emulsionada se corte).

Salsa de queso azul (arriba) y Salsa de eneldo

Crema inglesa

Se trata de una especie de sabrosas natillas de consistencia ligera que tradicionalmente se aromatiza con vainilla. Puede servirse caliente o fría con cualquier postre, por ejemplo, con melocotón cocido, como en la fotografía. Consulte las instrucciones adicionales de la página 63.

Tiempo de preparación 5 minutos
Tiempo de cocción 20 minutos
Para 350 ml aproximadamente

250 ml de leche
1 vaina de vainilla partida lontitudinalmente por la mitad
3 yemas de huevo
30 g de azúcar extrafino

1   Ponga la leche en un cazo hondo de fondo pesado y caliéntela a fuego medio. Ralle las semillas de vainilla y agréguelas a la leche junto con la vaina. Llévelo todo lentamente a ebullición para que la leche absorba bien el aroma de la vainilla. Retírelo entonces del fuego.

2   En un cuenco bata las yemas de huevo y el azúcar con una cuchara de madera hasta obtener una mezcla espesa y pálida. Vierta la leche caliente en la mezcla de huevo y remueva bien. Pásela a un cazo limpio y cuézala a fuego muy lento, removiendo constantemente, durante 5 minutos o hasta que empiece a espesar y cubra el dorso de la cuchara. Si la mezcla se calienta demasiado, retire el cazo del fuego unos segundos y siga removiendo. No deje que llegue a hervir. Cuele la mezcla en un cuenco y deseche la vaina de vainilla. Si va a servir la crema fría, déjela enfriar antes de refrigerarla. Para recalentarla, pásela a una fuente honda o a un cuenco refractario y colóquelo sobre una cacerola con agua caliente (no hirviendo), removiendo y sin calentarla en exceso.

Notas del chef Esta crema puede conservarse en el frigorífico, en un recipiente hermético, hasta 3 días.

Extreme la precaución al cocinar la mezcla básica. Si el fuego está muy fuerte, la mezcla se hará con demasiada rapidez por los bordes y las yemas se cocerán y quedarán como huevos revueltos, con lo cual la crema se cortará o cuajará. Si esto sucediese, añada un golpe de leche fría y bata la crema ágilmente, de manera que el calor se libere lo más rápido posible y la mezcla deje de cuajar. Si es preciso recurrir a este método, puede que la crema resulte grumosa y haya que pasarla por un tamiz antes de servirla.

Variaciones
Dé un aroma adicional a la salsa con algún licor o esencia de café, o añada 2 gotas de esencia de vainilla a las yemas de huevo en lugar de la vaina de vainilla.

CREMA DE PISTACHO
Añada 1 cucharada de pasta de pistacho, o bien pistachos picados y triturados en un robot de cocina o machacados en un mortero hasta formar una pasta. Mezcle la pasta de pistacho con la crema cuando aún esté templada.

CREMA DE CAFÉ
Disuelva 1 cucharada de café soluble en 1 cucharadita de agua caliente, kahlua o licor de cacao e incorpore la mezcla a la crema templada. Asimismo puede usar café ya preparado.

CREMA DE AVELLANA
Agregue 1 cucharada de puré de avellanas endulzado. En este caso, reduzca la cantidad de azúcar de la mezcla básica a 20 g.

Salsa de chocolate

Constituye un delicioso acompañamiento para multitud de postres y frutas, por ejemplo, peras cocidas y helado de vainilla, como en la fotografía.

Tiempo de preparación **10 minutos**
Tiempo de cocción **20 minutos**
Para 315 ml aproximadamente

225 g de azúcar extrafino
100 g de chocolate negro troceado
25 g de cacao en polvo de buena calidad tamizado

1   En un cazo mediano mezcle 300 ml de agua con el azúcar y el chocolate troceado y llévelo todo lentamente a ebullición, sin dejar de remover. Retírelo entonces del fuego.

2   En un cuenco, mezcle el cacao en polvo y 50 ml de agua hasta formar una pasta fina. Añádala al cazo, caliéntelo todo a fuego medio y lleve la mezcla de nuevo a ebullición, batiendo enérgica y constantemente. Déjela hervir, destapada, entre 5 y 10 minutos, hasta que la salsa esté tan espesa que cubra el dorso de la cuchara. No deje que la salsa hierva demasiado y se salga del cazo. Cuélela y déjela enfriar un poco.

Nota del chef Puede servir esta salsa caliente o fría. Puede conservarla en un recipiente hermético en el frigorífico hasta 1 semana.

Salsa de caramelo

Esta salsa resulta deliciosa servida caliente con helado o también con gofres.

Tiempo de preparación **5 minutos**
Tiempo de cocción **15 minutos**
Para 315 ml aproximadamente

1 vaina de vainilla partida longitudinalmente por la mitad
450 ml de nata
200 g de azúcar extrafino

1   Ralle las semillas de la vaina de vainilla y póngalas junto con la vaina en un cazo con la nata. Llévela lentamente a ebullición, retire el cazo del fuego y déjelo reposar para que la nata absorba bien los aromas. A continuación, cuele la nata y deseche la vaina de vainilla.

2   Caliente en otro cazo la mitad del azúcar a fuego lento, removiendo constantemente con una cuchara de madera hasta que se derrita. Agregue el azúcar restante y manténgala en el fuego hasta que quede líquida y ligeramente dorada.

3   Retire el cazo del fuego e incorpore la nata en un chorrito, de manera lenta pero constante y sin dejar de remover. Realice esta operación con cuidado, pues el azúcar salpicará al añadir el líquido. Cuando haya incorporado toda la nata, lleve de nuevo a ebullición la mezcla y déjela hervir, removiendo, hasta que la salsa esté tan espesa que cubra el dorso de la cuchara. Si se han formado algunos grumos de azúcar en el fondo del cazo, cuele la salsa por un tamiz metálico. Puede servirla caliente o fría.

Nota del chef Si sólo va a servir esta salsa a adultos, pruebe a añadir un poco de whisky de malta al gusto. Asimismo, puede agregar una pequeña cantidad de café al gusto.

Salsa de chocolate (arriba) y Salsa de caramelo

Coulís de fruta

Prepare esta exquisita salsa de fruta con las bayas de temporada. Resulta deliciosa con cualquier postre, helado o sorbete.

*Tiempo de preparación **5 minutos***
*Tiempo de cocción **5 minutos***
Para 250 ml aproximadamente

250 g de frambuesas maduras pero firmes
125 g de azúcar extrafino
el zumo de 1/2 limón
licor de su elección

1 Seleccione las bayas y descarte las que estén demasiado maduras o golpeadas.
2 Ponga en un cazo mediano las frambuesas, el azúcar y el zumo de limón y llévelo todo a ebullición a fin de reblandecer ligeramente las bayas. Retire el cazo del fuego y déjelo enfriar.
3 Páselo todo a un robot de cocina y tritúrelo hasta obtener un puré suave. Cuélelo por un tamiz fino, a fin de eliminar las semillas. Si lo desea, en este momento añada su licor preferido al gusto. Puede conservar esta salsa en un recipiente tapado en el frigorífico hasta 1 semana. Sírvala fría.

Notas del chef Pruebe esta salsa con kirsch, calvados, aguardiente o Cointreau.

Si no encuentra bayas frescas, adquiéralas congeladas. Antes de utilizarlas, descongélelas. Tal vez sea preciso modificar la cantidad de azúcar de la receta.

Si la fruta está muy blanda y resulta fácil de triturar, puede seguir un método alternativo, rápido y que no necesita cocción. Triture la fruta con azúcar glas, en lugar de extrafino, tamice la mezcla y añada seguidamente el zumo de limón.

Salsa de naranja y Grand Marnier

Dé un toque de sofisticación a unas crêpes o un helado con esta salsa de sabor más bien fuerte.

*Tiempo de preparación **10–15 minutos***
*Tiempo de cocción **20 minutos***
Para 300 ml aproximadamente

250 ml de zumo de naranja recién exprimido
25 g de azúcar
1 cucharadita de ralladura fina de naranja
200 g de mantequilla cortada en dados pequeños y refrigerada
60 ml de Grand Marnier, coñac o Cointreau

1 Ponga en un cazo el zumo de naranja, el azúcar y la ralladura de naranja y llévelo todo a ebullición. Déjelo hervir, removiendo de vez en cuando, hasta que el líquido adquiera una consistencia de jarabe.
2 Incorpore al líquido hirviendo los dados de mantequilla, de uno en uno, y vaya batiendo hasta obtener una textura fina. Retire el cazo del fuego y añada el licor al gusto. Sirva la salsa de inmediato o manténgala templada (no caliente) durante no más de 30 minutos antes de servirla.

Nota del chef Si la salsa se enfría demasiado, se solidificará. En tal caso, derrítala a fuego medio. Si calienta la salsa en exceso, se cortará. Para recuperarla, déjela enfriar hasta que esté templada. Lleve a ebullición una pequeña cantidad de agua o zumo de naranja, incorpore un poco de mantequilla sólida y bátalo todo hasta obtener una textura fina. Añada lentamente a esta mezcla la salsa que se había estropeado, batiendo de manera constante.

Coulís de fruta (arriba) y Salsa de naranja y Grand Marnier

Técnicas del chef

◆

Caldo de vacuno

Asar los huesos aporta buen color al caldo y ayuda a eliminar el exceso de grasa.

Hornee 1,5 kg de huesos de ternera o de vaca a 230°C durante 40 minutos. A los 20 minutos de horneado, añada 1 cebolla en cuartos, 2 zanahorias picadas, 1 puerro picado y 1 tallo de apio picado.

Páselo todo a una cacerola limpia. Agregue 4 litros de agua, 2 cucharadas de concentrado de tomate, 1 bouquet garni y 6 granos de pimienta. Déjelo cocer de 3 a 4 horas, espumándolo a menudo.

Cuele el caldo poco a poco sobre un cuenco. Presione suavemente los ingredientes sólidos sobre el colador para extraer todo el líquido y refrigérelo. Retire la grasa que se haya solidificado. Para 1,5–2 litros.

Caldo de cordero

Pida al carnicero que trocee los huesos de cordero, de manera que quepan en el cazo.

Ponga 1,5 kg de huesos de cordero en un cazo grande. Cúbralos con agua y llévelos a ebullición. Escurra los huesos y aclárelos.

Coloque los huesos en un cazo limpio y agregue 1 cebolla en cuartos, 2 zanahorias, 1 puerro y 1 tallo de apio, todo ello picado, además de 3 litros de agua, 1 bouquet garni y 6 granos de pimienta.

Llévelo a ebulllición, baje el fuego y déjelo cocer entre 2 y 3 horas, retirando la espuma y la grasa de la superficie de vez en cuando. Para espumar el caldo, utilice un colador plano.

Pase los huesos y las verduras a un colador fino dispuesto sobre un cuenco y presione para extraer todo el líquido. Refrigérelo varias horas y retire la grasa que se haya solidificado. Para 1,5 litros aproximadamente.

Caldo de pollo

*Un buen caldo casero puede ser la base
de un gran plato.*

Trocee 750 g de carcasa y
huesos de pollo y póngalos en
un cazo con trozos de cebolla,
de zanahoria y de tallo de apio.
Añada 6 granos de pimienta,
1 bouquet garni y 4 litros
de agua fría.

Lleve el caldo a ebullición
y déjelo hervir suavemente
de 2 a 3 horas, espumando la
superficie con una espumadera.
Cuele el caldo sobre un cuenco
limpio y déjelo enfriar.

Refrigere el caldo toda una
noche y retire la grasa que se
haya formado. Si no puede
dejarlo toda la noche, elimine la
grasa de la superficie del caldo
caliente con servilletas de papel.
Para 1,5–2 litros.

Caldo de pescado

*Use pescado blanco en vez de otros más grasos como el
salmón o la trucha. Deseche los ojos y las branquias.*

Deje 2 kg de espinas y recortes
de pescado en agua salada 10
minutos y escúrralos después.
Páselos a un cazo con 2,5 litros
de agua, 12 granos de pimienta,
2 hojas de laurel, cebolla y apio
picados y el zumo de 1 limón.

Llévelo a ebullición, baje
entonces el fuego y déjelo hervir
20 minutos. Mientras hierve,
espume la superficie del caldo
con una espumadera.

Pase el caldo en tandas a
un colador fino dispuesto sobre
un cuenco. Presione los
ingredientes sólidos para extraer
todo el líquido y refrigérelo.
Para 1,5 litros.

Cubitos de caldo

*Puede refrigerar el caldo hasta 3 días. Para conservarlo
hasta 6 meses, congélelo en porciones.*

Una vez eliminada la grasa,
hierva el caldo hasta reducirlo
a 500 ml. Déjelo enfriar, viértalo
en un molde para cubitos y
congélelo. Para hacer 2 litros de
caldo, añada 1,5 litros de agua
a los 500 ml de concentrado.

Bouquet garni

*Añada sabor y aroma de hierbas a cualquier receta
con un bouquet garni recién preparado.*

Con la parte verde de un puerro
envuelva una hoja de laurel, una
ramita de tomillo, algunas hojas
de apio y unos tallos de perejil.
Átelo todo con un cordón,
dejando un extremo largo para
que luego sea fácil retirarlo.

Salsa besamel

Prepare un roux con harina y mantequilla,
a fin de espesar la salsa besamel.

Funda la mantequilla en un cazo a fuego lento y añada la harina, removiendo con una cuchara de madera.

Cueza la mezcla de harina durante 1 ó 2 minutos, sin que llegue a dorarse, para obtener un roux.

Retire el cazo del fuego e incorpore la leche de manera gradual, batiendo hasta que la mezcla adquiera una textura fina.

Coloque el cazo de nuevo a fuego medio, lleve la salsa a ebullición y remueva constantemente hasta que hierva, espese y cubra el dorso de la cuchara.

Mayonesa

Para que la mayonesa salga bien, es importante tener
todos los ingredientes a la misma temperatura.

Coloque un cuenco grande y hondo sobre un paño de cocina para que no se mueva. Ponga en él las yemas de huevo, la mostaza, la pimienta blanca y la sal y bátalo todo hasta que la mezcla resulte homogénea.

Al principio incorpore el aceite gota a gota y vaya batiendo hasta que la mezcla espese. Si añade el aceite con demasiada rapidez, se cortará la mayonesa.

Cuando haya añadido los primeros 100 ml de aceite, incorpore el vinagre. A continuación, agregue el aceite restante en un chorro fino pero constante.

Salsa holandesa

Esta salsa no debe calentarse demasiado, pues en tal caso podría cuajar.

Bata las yemas junto con el agua en un cuenco refractario hasta que la mezcla quede espumosa. Ponga el cuenco sobre un cazo con agua hirviendo y bata hasta que espese. Incorpore gradualmente la mantequilla.

Siga añadiendo la mantequilla, sin dejar de batir. Al levantar el batidor, debería quedar una marca en la superficie de la salsa.

Una vez haya incorporado toda la mantequilla, cuele la salsa sobre un cuenco limpio y sazónela con pimienta de Cayena, zumo de limón, sal y pimienta.

Mantequilla clarificada

Al no tener agua ni sólidos es menos probable que se queme. El ghee es una clase de mantequilla clarificada.

Para preparar 100 g de mantequilla clarificada, corte 180 g de mantequilla en dados pequeños. Colóquelos en un cazo pequeño dispuesto sobre una cacerola con agua a fuego lento. Funda la mantequilla sin remover.

Retire el cazo del fuego y deje enfriar la mantequilla un poco. Retire la espuma de la superficie, procurando no remover la mantequilla.

Vierta en otro recipiente el líquido claro amarillo con mucho cuidado de que el sedimento lácteo quede en el cazo. Deseche este sedimento y refrigere la mantequilla clarificada en un recipiente hermético.

Crema inglesa

Al preparar una crema con huevos, mantenga el fuego lento y remueva constantemente para que no se queme.

Remueva la crema constantemente a fuego muy lento hasta que espese. Para comprobar su consistencia, deslice el dedo por el dorso de una cuchara de madera cubierta de crema. Debería quedar una línea clara.

Editado por Murdoch Books® de Murdoch Magazines Pty Limited, 45 Jones Street, Ultimo NSW 2007.

Editora gerente: Kay Halsey
Idea, diseño y dirección artística de la serie: Juliet Cohen

Murdoch Books y Le Cordon Bleu quieren expresar su agradecimiento a los 32 chefs expertos de todas las escuelas Le Cordon Bleu, cuyos conocimientos y experiencia han hecho posible la realización de este libro, y muy especialmente a los chefs Cliche (Meilleur Ouvrier de France), Terrien, Boucheret, Duchêne (MOF), Guillut y Steneck, de París; Males, Walsh y Hardy, de Londres; Chantefort, Bertin, Jambert y Honda, de Tokio; Salembien, Boutin, y Harris, de Sydney; Lawes de Adelaida y Guiet y Denis de Ottawa.
Nuestra gratitud a todos los estudiantes que colaboraron con los chefs en la elaboración de las recetas, y en especial a los graduados David Welch y Allen Wertheim.
La editorial también quiere expresar el reconocimiento más sincero a la labor de las directoras Susan Eckstein, de Gran Bretaña y Kathy Shaw, de París, responsables de la coordinación del equipo Le Cordon Bleu a lo largo de esta serie.

Título original: *Sauces*

© 1998 de la edición española:
Könemann Verlagsgesellschaft mbH
Bonner Straße 126, D-50968 Köln
Traducción del inglés: Nuria Caminero Arranz
para LocTeam, S.L., Barcelona
Redacción y maquetación: LocTeam, S.L., Barcelona
Impresión y encuadernación: Sing Cheong Printing Co., Ltd.
Printed in Hong Kong, China

ISBN 3-8290-0640-3

10 9 8 7 6 5 4

La editora y Le Cordon Bleu agradecen a Carole Sweetnam su colaboración en esta serie y a Villeroy & Boch su ayuda con la fotografía.
Portada: Salsa holandesa con espárragos

INFORMACIÓN IMPORTANTE

GUÍA DE CONVERSIONES

1 taza = 250 ml
1 cucharada = 20 ml (4 cucharaditas)

NOTA: Hemos utilizado cucharas de 20 ml. Si utiliza cucharas de 15 ml, las diferencias en las recetas serán prácticamente inapreciables. En aquéllas en las que se utilice levadura en polvo, gelatina, bicarbonato de sosa y harina, añada una cucharadita más por cada cucharada indicada.

IMPORTANTE: Aquellas personas para las que los efectos de una intoxicación por salmonela supondrían un riesgo serio (personas mayores, mujeres embarazadas, niños y pacientes con enfermedades de inmunodeficiencia) deberían consultar con su médico los riesgos derivados de ingerir huevos crudos.